BEI GRIN MACHT SICH IHR WISSEN BEZAHLT

Akzeptanz Künstlicher Intelligenz in beruflichem Kontext

Eine empirische Studie

Isabel Heinemann

GRIN ☺

Bibliografische Information der Deutschen Nationalbibliothek:

Die Deutsche Nationalbibliothek verzeichnet diese Publikation in der Deutschen Nationalbibliografie; detaillierte bibliografische Daten sind im Internet über http://dnb.d-nb.de abrufbar.

ISBN: 9783346762818
Dieses Buch ist auch als E-Book erhältlich.

Hochschule für angewandtes Management

Fachbereich: Wirtschaftspsychologie

Wintersemester 2021/2022

Studienarbeit

Kurs: Forschungsmethoden II – Quantitative Methoden

Eine empirische Studie zum Thema Akzeptanz Künstlicher Intelligenz in beruflichem Kontext

vorgelegt von

Isabel Heinemann

3. Semester

Abstract

This cross-sectional study examines the acceptance behavior of employed persons with regard to the use of artificial intelligence in the workplace. In particular, the factors computer literacy, emotions towards artificial intelligence and fear of job loss due to artificial intelligence are considered. The recruitment was carried out exclusively via an online link of the website Unipark. The data collection was carried out using a questionnaire with scales as a measuring instrument. The sample is based on a one-time survey and is composed of 223 subjects, with 113 females and 110 males with an average age of 36 years. The empirical research of this paper is based on the assumption that the measurement instrument on emotions consists of two dimensions, and the positive emotion toward artificial intelligence mediates the relationship of computer literacy and fear of job loss due to artificial intelligence. In addition, it is hypothesized that the relationship of negative emotion toward Artificial Intelligence and fear of job loss due to Artificial Intelligence is moderated by computer literacy. Exploratory factor analysis, mediation analysis, and moderator analysis are conducted to test the hypotheses. The results show that emotions have two dimensions as expected. Similarly, it turns out that the level of positive emotions toward AI explains the relationship between computer literacy and fear of job loss due to AI. Contrary to expectation, the results show that the level of computer literacy does not affect the relationship between negative emotions toward artificial intelligence and fear of job loss due to artificial intelligence.

Die vorliegende Querschnittstudie untersucht das Akzeptanzverhalten berufstätiger Personen in Bezug auf den Einsatz Künstlicher Intelligenz am Arbeitsplatz. Insbesondere werden dabei die Faktoren Computerkompetenz, Emotionen gegenüber Künstlicher Intelligenz und Angst vor Arbeitsplatzverlust durch Künstliche Intelligenz betrachtet. Die Rekrutierung erfolgte aus- schließlich über einen Online Link der Webseite Unipark. Die Datenerhebung wurde dabei anhand eines Fragebogens mit Skalen als Messinstrument durchgeführt. Die Stichprobe basiert auf einer einmaligen Befragung und setzt sich aus 223 Probanden zusammen, wobei 113 weibliche und 110 männliche Personen mit einem Durchschnittsalter von 36 Jahren teilgenommen haben. Die empirische Forschung dieser Arbeit basiert auf der Annahme, dass das Messinstrument zu Emotionen aus zwei Dimensionen besteht, und die positive Emotion gegenüber Künstlicher Intelligenz den Zusammenhang von Computerkompetenz und Angst vor Arbeitsplatzverlust durch Künstliche Intelligenz mediiert. Darüber hinaus wird angenommen, dass der Zusammenhang von negativen Emotionen gegenüber

Künstlicher Intelligenz und Angst vor Arbeitsplatzverlust durch Künstliche Intelligenz durch die Computerkompetenz moderiert wird. Für die Prüfung der Hypothesen werden eine explorative Faktorenanalyse, eine Mediationsanalyse sowie eine Moderatoranalyse durchgeführt.

Die Ergebnisse zeigen, dass Emotionen wie erwartet zwei Dimensionen aufweisen. Ebenso stellt sich heraus, dass der Grad an positiven Emotionen gegenüber Künstlicher Intelligenz den Zusammenhang von Computerkompetenz und Angst vor Arbeitsplatzverlust durch Künstliche Intelligenz erklärt. Entgegengesetzt der Erwartung zeigen die Resultate, dass das Ausmaß an Computerkompetenz den Zusammenhang zwischen negativen Emotionen gegenüber Künstlicher Intelligenz und der Angst vor Arbeitsplatzverlust durch Künstliche Intelligenz nicht beeinflusst.

INHALTSVERZEICHNIS

ABBILDUNGSVERZEICHNIS

1 Einleitung

Die Künstliche Intelligenz zählt als eine der wichtigsten Megatrends der aktuellen und kommenden Zeit. Dass das alltägliche Leben bereits voller künstlicher Intelligenzen ist, ist mal mehr und mal weniger bekannt. Ob bei der Google-Suche, der Sprachübersetzung wie Google Translate oder deepl, der Werbeplatzierung auf Social-Media-Kanälen, Sprachassistenten wie Alexa oder Siri, bei Echtzeitmessungen von Navigationssystemen oder Bereichen des autonomen Fahrens, Künstliche Intelligenz ist allgegenwärtig. Mittlerweile ist die Thematik aber auch für den Berufsalltag immer häufiger relevant, was zu Unsicherheit innerhalb der Belegschaft führen kann, die häufig nicht weiß, was Künstliche Intelligenz genau bedeutet oder den Begriff nur mit Robotic und Maschinen in Verbindung bringt. Aus der Unsicherheit kann Angst vor Arbeitsplatzverlust entstehen. Diese Befürchtung ist nicht unbegründet, da Künstliche Intelligenz entwickelt wurde, um intelligente Aufgaben wie ein Mensch auszuführen - nur effizienter. Gegensätzlich dazu wird aber auch Potenzial erkannt. Um also Künstliche Intelligenz in Unternehmen einzuführen ist es interessant zu erfahren, inwieweit berufstätige Menschen wirklich der ganzen Thematik gegenüberstehen.

Um Hintergründe dieses Themas verstehen zu können wurde im Rahmen der Aufgabenstellung untersucht, was die Akzeptanz Künstlicher Intelligenz im beruflichen Kontext beeinflusst. Besonderes Augenmerk wird dabei auf die Faktoren der Computerkompetenz, der Emotionen gegenüber Künstlicher Intelligenz und Angst berufstätiger Personen, ihren Arbeitsplatz durch Künstliche Intelligenz zu verlieren, gelegt. Das Ziel dieser Studienarbeit ist zu untersuchen, ob bezüglich der genannten Faktoren Zusammenhänge oder Beeinflussungen bestehen und dementsprechend die Beantwortung der im weiteren Verlauf aufgestellten Forschungsfragestellungen.

Die methodische Herangehensweise dieser Arbeit erfolgt anhand der Durchführung einer empirischen Forschungsarbeit. Die Grundlage der vorliegenden Studienarbeit basiert auf einer umfangreichen Recherche des theoretischen Hintergrundes und einer sich durchziehenden Erläuterung des Forschungsstandes. Zu Beginn werden somit theoretische Inhalte zugrunde gelegt, wobei Begrifflichkeiten erläutert werden, um Missverständnisse im weiteren Verlauf zu minimieren. Es erfolgt also ein Überblick über grundlegende Literatur, Theorien und Forschungen zum Thema Emotionen in Bezug auf Künstliche Intelligenz, Computerkompetenz, Angst vor Arbeitsplatzverlust durch Künstliche Intelligenz und potenziellen Zusammenhängen genannter Faktoren. Im Anschluss erfolgen die Darstellung der Forschungsfragen und Hypothesen. Im dritten Abschnitt dieser Forschungsarbeit werden die deskriptive Statistik und die Ergebnisse der Auswertung dargelegt. Gegen Ende dieser Studienarbeit unter dem Abschnitt Diskussion werden die Ergebnisse zu den einzelnen Hypothesen interpretiert.

Zudem werden Implikationen, Limitationen und ein Ausblick auf zukünftige Forschungen aufgezeigt. Abschließend rundet das Fazit diese empirische Forschungsarbeit ab.

Aus Gründen einer besseren Lesbarkeit wird auf die gleichzeitige Verwendung männlicher und weiblicher Sprachformen verzichtet. Personenbezeichnungen gelten somit für alle Geschlechter.

2 Forschungsstand und Hypothesen

Den empirischen Arbeitsschritten wird eine ausführliche Analyse einschlägiger Literatur zu genannten Themenfeldern vorangestellt. Im Folgenden wird eine Zusammenfassung theoretischer Hintergründe sowie relevanter Erkenntnisse der bisher auf diesem Gebiet vorgelegten Studien und Publikationen dargelegt.

2.1 Theoretischer Hintergrund

2.1.1 Künstliche Intelligenz

Eine einheitliche Definition zur Künstlichen Intelligenz (KI) lässt sich aufgrund der Breite des Themengebiets schwer finden. Grundsätzlich kann aber gesagt werden, dass (KI) einen Teilbereich der Informatik darstellt, wobei es darum geht, Systemen die Fähigkeit zu geben, externe Daten korrekt zu interpretieren, aus den erhaltenen Daten zu lernen und Erkenntnisse daraus zu nutzen (Buxmann & Schmidt, 2018). Ebenso sollen vorgegebene Ziele und Aufgaben durch flexible Anpassung erreicht werden. Für die Identifizierung zugrundeliegender Richtlinien und Muster, welche durch das Internet oder andere große Datenquellen gewonnen werden, verwendet die KI externe Informationen (ebd.). In Kombination mit Daten, Analysen und Automatisierung kann sie Unternehmen dabei unterstützen, ihre Ziele effizienter zu erreichen. In den letzten Jahren wird zumeist in die Entwicklung von Machine Learning investiert.

Künstliche Intelligenz kann in zwei Bereiche unterteilt werden, die schwache und die starke KI. Die genannten Beispiele aus der Einleitung beschreiben hauptsächlich die schwache KI. Sie entspricht also dem heutigen Stand technologischen Niveaus, wobei die menschliche Leistung in diesen spezifischen Bereichen übertroffen werden kann. Was sie jedoch nicht kann, ist es, Probleme anderer Gebiete selbständig zu lösen. Eine Starke KI hingegen soll dies zukünftig eigenständig können. Sie wird in ihrer Entwicklung in diversen Bereichen eingesetzt und entspricht in diesen den menschlichen Fähigkeiten oder übertrifft diese sogar (Stahl, 2021). In Zukunft soll sie auch so entwickelt sein, dass menschliche Emotionen erkannt, verarbeitet und sinnvoll eingesetzt werden können, was beispielsweise im Medizinisch-sozialem Bereich hilfreich sein könnte.

2.1.2 Emotionen

Um im weiteren Verlauf den aktuellen Forschungsstand beleuchten zu können, soll im Voraus definiert werden, was Emotionen im Sinne dieser Arbeit bedeuten sollen. Daher gelten Emotionen als „komplexes Muster von Veränderungen, das physiologische Erregung, Gefühle, kognitive Prozesse und Verhaltensweisen einschließt, die in Reaktion auf eine Situation auftreten, welche ein Individuum als persönlich bedeutsam wahrgenommen hat" (Zimbardo & Gerrig, S. 455). Grundsätzlich sind sich Forscher und Psychologen nicht ganz einig, wie viele Basisemotionen existieren. Zumeist werden allerdings folgende sieben Grundemotionen genannt: Freude, Trauer, Überraschung, Wut, Furcht, Ekel und Verachtung (Heckhausen & Heckhausen, 2018). Emotionen im Generellen können durch folgende physiologische Art und Weise zum Ausdruck gebracht werden: Mimik, Gestik, Vokalisation und beobachtbare physiologische Veränderungen. Der Ausdruck von Emotionen erfolgt also verbal-kognitiv, motorisch und physiologisch (ebd.).

2.1.3 Computerverständnis und - erfahrung

Unter den genannten Begriffen können unter anderem EDV-Kenntnisse, wie beispielsweise Wissen über Datenbanken, Betriebssysteme , Software und Verbindungen, regelmäßige Nutzung von Textverarbeitungsprogrammen (z.B. Microsoft Office), Bild- oder Videobearbeitungssoftware am PC oder unterschiedlichen mobilen Endgeräten (Laptop, Smartphone etc.), verstanden werden (Egger, 2009). Ebenso können Faktoren, wie dem guten Umgang im Allgemeinen mit Computern sowie dem Internet, hinzugezählt werden. Die Professoren Denise Potosky und Philip Bobko (1998) entwickelten eine Computerverständnis – und Erfahrungsskala: Ein Selbstberichtsmaß für Computererfahrung. Aus der Beschreibung geht hervor, dass Personen, welche beispielsweise wissen, wie gelöschte oder verlorene Daten auf einem Computer wiederherstellt werden können, wie Computerprogramme geschrieben werden oder welche häufig Computerzeitschriften lesen, als diesbezüglich kompetent bezeichnet werden können. Im weiteren Verlauf werden die genannten Merkmale als Computerkompetenz zusammengefasst.

2.2 Bisherige Forschung

Bezüglich des aktuellen Forschungsstandes kann gesagt werden, dass weltweit unterschiedliche Studien zu den Themen Emotionen und Einstellungen von Personen gegenüber Künstlicher Intelligenz durchgeführt wurden. Laut Literatur kann das Konstrukt Emotionen in unterschiedliche Bereiche gegliedert werden: Nicht nur in die bereits genannten Grundemotionen, sondern noch allgemeiner gehalten, in positive und negative Emotionen (Bradley & Lang, 1994; Ekman, 2003). Diese Dimension wird als Valenz bezeichnet (ebd.). Auch weitere Forscher sind zu dieser Erkenntnis gekommen. Bereits im Jahr 1985 stellten D. Watson und A. Tellegen ein Modell vor, welches die Vielzahl von Affekten von Emotionen auf zwei unabhängig voneinander variierende Dimensionen limitiert: Dem positiven (PA) und negativen (NA) Affekt. Der PA beschreibt dabei das Empfinden von Freude und Enthusiasmus, der NA das Erleben von Unzufriedenheit und negativen Angespanntseins (Watson & Clark, 1994).

Es wurde die sogenannte PANAS (Positive And Negative Affect Schedule) entwickelt, welche zu den am häufigsten in Untersuchungen zu menschlichen Empfindungen eingesetzten Verfahren gehört. Die empirische Berechtigung der beiden Dimensionen wurde beispielsweise anhand einer Faktorenanalyse bestätigt (ebd).

Ein Großteil der bedeutenden Literatur zeigt also, dass Emotion zwei Dimensionen hat. Aufgrund dessen wird vermutet, dass dies für das Messinstrument dieser Studienarbeit ebenfalls zutrifft.

Im Folgenden werden Auszüge vorgestellt, welche sich auf die Empfindungen von Personen, und der Angst vor Arbeitsplatzverlust durch Künstliche Intelligenz beziehen.

Der amerikanische Software-Anbieter VMWare (2018) hat unter 2000 deutschen Verbrauchern, europaweit insgesamt 5000 Personen, eine Studie zum Thema Künstliche Intelligenz in der Arbeitswelt durchgeführt. Daraus ergab sich, dass 44 % der Befragten keine Angst davor haben, dass Künstliche Intelligenzen ihre Arbeitsplätze ersetzen könnten. Annähernd 23 % äußern genau diese Befürchtung. Dem entgegengesetzt erwarten 38% der Studienteilnehmer vielversprechende Karrierechancen durch den Einsatz von KI. Zusammenfassend sind die Befragten also eher positiv gegenüber KI eingestellt.

Auch aus dem Factsheet vom Meinungsmonitor Künstliche Intelligenz (2020) ist zu entnehmen, dass nur 10% der 602 berufstätigen Studienteilnehmer befürchten, ihre Arbeitsstelle zu verlieren. Wie in der folgenden Abbildung zu sehen, sind ganze 68% entsprechend eindeutig der Meinung, keine Befürchtungen in diese Richtung zu haben.

Abbildung 1

Veränderungen der Arbeitswelt durch Künstliche Intelligenz

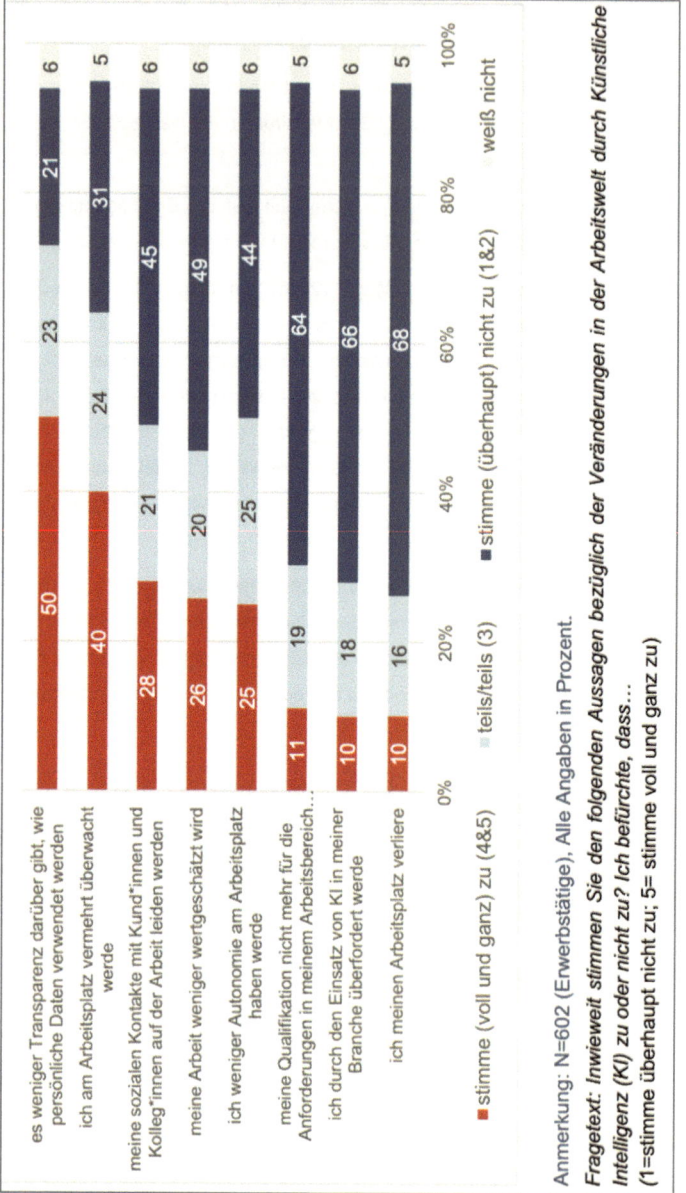

Anmerkung: N=602 (Erwerbstätige), Alle Angaben in Prozent.

Fragetext: Inwieweit stimmen Sie den folgenden Aussagen bezüglich der Veränderungen in der Arbeitswelt durch Künstliche Intelligenz (KI) zu oder nicht zu? Ich befürchte, dass...
(1=stimme überhaupt nicht zu; 5= stimme voll und ganz zu)

Anmerkung. In „Künstliche Intelligenz in der Arbeitswelt," 2020, *Meinungsmonitor Künstliche Intelligenz*, 3.

Kontrovers dazu zeigen sich die Ergebnisse aus einer vom TÜV-Verband beauftragten Studie (2021). Hier gaben 57% der 1000 Befragten an, unter Angst vor Arbeitsplatzverlust im Zusammenhang mit KI zu leiden. Überraschender Weise gaben trotzdem 51% (im Jahr 2019 noch 46%) an, grundsätzlich positiv gegenüber KI eingestellt zu sein. Im Gegensatz dazu hat sich der Prozentsatz negativ Eingestellter innerhalb von zwei Jahren von 28% auf 14% halbiert.

Bei einer Studie des Softwarelieferanten PEGA (2019) zum Thema „AI and Empathy" gaben 35 % der 6000 Befragten aus Nordamerika, Großbritannien, Australien, Japan, Deutschland und Frankreich an, dass sie darüber besorgt seien, dass künstliche Intelligenzen ihre Arbeit übernehmen können.

In Conclusio lässt sich festhalten, dass keine eindeutige Aussage in Bezug auf das Ausmaß von Emotionen und Angst von arbeitenden Personen, den Arbeitspatz aufgrund von KI zu verlieren, getroffen werden kann. Die Tendenz geht allerdings eher in Richtung positiver Emotionen gegenüber KI.

Unter dem Techno-Insecurity verbirgt sich folgende Beschreibung: Personal fühlt sich bedroht, den Arbeitsplatz durch mehr Informationstechniken zu verlieren (Tarafdar et al., 2019). In einer Studie zum Thema Techno-Stress wurde unter anderem getestet, inwiefern diese Thematik zutrifft (Srivastava et al., 2015). Dabei kam heraus, dass von Personen mit höherer wahrgenommener digitaler Kompetenz und individueller technologischer Selbstwirksamkeitserwartung diese Situation als stressig und anspornend, aber nicht als bedrohlich eingestuft wird. Dies weist darauf hin, dass Berufstätige mit einer ausgeprägten Computerkompetenz grundsätzlich eher weniger an Angst vor Arbeitsplatzverlust durch KI leiden, als welche mit niedrigerer Computerkompetenz. Letztere sind eher negativ gegenüber extrem technischem Fortschritt eingestellt (ebd).

2.3 Forschungsfragen und Hypothesen

Aus den Theorien und den dargestellten bisherigen Untersuchungen ergeben sich für die vorliegende Untersuchung folgende Forschungsfragestellungen und zugehörige Hypothesen:

F1: „Aus wie vielen Faktoren besteht das Messinstrument zu Emotionen?"

H1: „Es wird davon ausgegangen, dass das Messinstrument zu Emotionen zwei Dimensionen ergibt."

F2: „Welche Variable mediiert mögliche Zusammenhänge zwischen Computerkompetenz und Angst vor Arbeitsplatzverlust durch Künstliche Intelligenz?"

H2: „Positive Emotionen gegenüber Künstlicher Intelligenz mediieren den Zusammenhang von Computerkompetenz und Angst vor Arbeitsplatzverlust durch Künstliche Intelligenz."

F3: „Welche Variable moderiert mögliche Zusammenhänge negativer Emotionen gegenüber Künstlicher Intelligenz und der Angst, den Arbeitsplatz durch Künstliche Intelligenz zu verlieren?"

H3: „Der Zusammenhang negativer Emotionen gegenüber Künstlicher Intelligenz und Angst vor Arbeitsplatzverlust durch Künstliche Intelligenz wird durch die Computerkompetenz moderiert."

3 Daten und Methoden

In diesem Abschnitt der Arbeit wird alles um die Methode der Forschung beschrieben. Es wird näher auf die Stichprobe eingegangen, die für diese Arbeit herangezogen wurde. Im nächsten Kapitel wird das Vorgehen und das Forschungsdesign vorgestellt. Um die Hypothesen überprüfen zu können, muss zunächst ein geeignetes methodisches Vorgehen gewählt werden. Dazu werden in diesem Kapitel neben der Beschreibung der Methode für die Datenerhebung zudem die Überlegungen für die Wahl des Instruments dargestellt.

3.1 Stichprobe

Für diese Forschungsarbeit wird das Verfahren der einfachen Stichprobe gewählt. „Der Begriff „Stichprobe" bezeichnet eine kleine Teilmenge der sogenannten Grundgesamtheit, deren Auswahl nach bestimmten Kriterien erfolgen sollte, um verallgemeinerbare Aussagen treffen zu können." (Steiner & Benesch, 2018). Die Zielgruppe der Datenerhebung beläuft sich auf alle Personen, die mindestens halbtags berufstätig sind. Vorgabe war ebenso, auf eine gleichmäßige, repräsentative Geschlechter- und Altersverteilung zu achten.

Für die vorliegende Arbeit wurde eine geschichtete Stichprobe gezogen, da nur Personen befragt wurden, die den Studenten auch bekannt waren. Zu der Zielgruppe zählen daher die Personen jeden Geschlechtes, aller berufsfähigen Altersstufen, aller Einkommensstufen, Branchen, Berufe und Bildungsstände. Dazu werden Personen aus unterschiedlichen privaten und beruflichen Kreisen befragt. Die Teilnahme erfolgt dabei freiwillig und anonym. Die Umfrage wurde von 223 Personen vollständig abgeschlossen, was einer Summe von N= 223 entspricht. Abgebrochene oder verfälschte Datensätze werden vor Durchführung der Auswertung bereinigt. Von diesen 223 Teilnehmern waren 113 Personen weiblich, was 50,7% entspricht. Dementsprechend haben 110 Menschen männlichen Geschlechts den Fragebogen ausgefüllt. Das Durchschnittsalter liegt bei 36,2.

3.2 Messinstrumente

In diesem Kapitel wird näher auf die ausgewählte Erhebungsmethode für die vorliegende Untersuchung eingegangen. Anschließend folgt die Erklärung der Fragebogenstruktur. Zuletzt wird auf die Hauptgütekriterien eines Fragebogens eingegangen.

3.2.1 Wahl und Begründung der Erhebungsmethode

Grundsätzlich kann gesagt werden, dass für die Erhebung der Daten einer empirischen Studie die Wahl zwischen quantitativen und qualitativen Methoden besteht (Stigler & Reicher, 2005).

Für die Erfassung des Themas dieser Studie wird eine computergestützte Befragung in Form eines quantitativen, standardisierten Online-Fragebogens durchgeführt. Unter Berücksichtigung der Forschungsfragen und den jeweiligen Hypothesen gewährleistet diese Vorgehensweise die ausdrucksstärksten Ergebnisse. Denn um die Akzeptanz Künstlicher Intelligenz am Arbeitsplatz zu erforschen, bietet sich ein Verfahren an, mit Hilfe dessen eine höhere Teilnehmerzahl erreicht werden kann. Die Wahl dieser Methode bietet unter anderem folgende Vorteile für die vorliegende Untersuchung: Zum einen kann mittels dieser Methode eine umfangreiche Stichprobe über geographische Grenzen hinaus erreicht werden, um die Grundgesamtheit annähernd repräsentativ aufzeigen zu können (Baur & Blasius, 2019). Zum anderen wird sichergestellt, dass alle Befragten dieselben Fragen und Antwortmöglichkeiten erhalten, was für die Gesamtstichprobe eine einheitliche Interviewsituation erzeugt (Stigler & Reicher, 2005). Überdies ist die Festlegung der Antwortmöglichkeiten im Voraus ein weiterer Pluspunkt dieses Messinstrumentes, weil damit der Grad der Antwortfreiheit vorgegeben ist. Außerdem sind die Ergebnisse dadurch leichter zu operationalisieren. Ebenso können Neutralität und Anonymität gewährleistet werden, was ein weiterer Vorteil der Anwendung dieser Methode ist. Eine Beeinflussung der Befragten ist nicht zu erwarten (ebd). Niedrige Erhebungskosten sowie der Wegfall des Effektes von sozialer Erwünschtheit durch die gegebene Anonymität, stellen zusätzliche Vorteile dar (Hienerth et al., 2009).

3.2.2 Fragebogenstruktur

Um die unterschiedlichen Dimensionen des Themas bewirken zu können, wurde der bestehende Fragebogen in mehrere Abschnitte unterteilt.

Im ersten Teil wurden alle Teilnehmer bezüglich ihrer soziodemographischen Daten befragt. Diese beschränken sich auf die Abfrage nach der Berufstätigkeit, dem Alter, dem Geschlecht, dem Land in welchem der Teilnehmer lebt, dem Bildungsabschluss, dem Arbeitsbereich und dem Einkommen. Der zweite Teil beschäftigt sich mit der Abfrage zum Thema Akzeptanz von Künstlicher Intelligenz im Berufsalltag.

Grundsätzlich gilt die Überlegung, welche Frageformate für den Fragebogen gewählt werden sollen, als wichtig. Hierbei kann zwischen geschlossenen und offenen Fragen differenziert werden, wobei in der Praxis auch Mischformen bekannt sind. Aufgrund der teil-standardisierten Form des Fragebogens besteht dieser größtenteils aus geschlossenen Fragen. Hierfür spricht neben der besseren Objektivität eine deutlich höhere Bereitschaft zur Beantwortung der Fragen, wenn diese innerhalb vorgefertigter Kategorien zu beantworten liegen. Darüber hinaus liegt in der vereinfachten Auswertungsmöglichkeit ein weiterer Vorteil (Raab-Steiner & Benesch, 2015).

Eine besondere Relevanz wird zudem der Auswahl des Skalenniveaus zugeschrieben. Demnach wurde ein weitgehend einheitliches Antwortformat für die abgefragten Items verwendet. Das Format ist als eine 5-stufigen Likert Skala ausgelegt und deckt entweder einen Wertebereich von 1=„stimme überhaupt nicht zu" bis hin zu 5=„stimme voll und ganz zu" (15 Items der Variable Computerkompetenz ComKomp, welche in Anlehnung an Potosky & Bobko, 1998, entwickelt wurden) oder von 1= „Sehr wenig oder gar nicht" bis 5= „extrem stark" (jeweils sechs Items für positive Emotionen gegenüber KI: glücklich, fröhlich, begeistert, heiter/gut gelaunt, aufgeregt/gespannt, enthusiastisch, welche die zusammengesetzte Variable „EmoPos" ergeben, und sechs für negative Emotionen gegenüber KI: besorgt, ängstlich, erschrocken, nervös, zittrig, unsicher, aus welchen sich die neue Variable „EmoNeg" zusammensetzt).

Messtheoretisch sind die Antworten einer Likert Skala als ordinalskaliert zu betrachten, da nicht davon ausgegangen werden kann, dass die Probanden die Abstände der einzelnen Antworten einheitlich verstehen. Zur Anwendung der gesamten statistischen Methoden wird die hier angewendete Likert Skala als quasi-metrisch bezeichnet und somit wie eine Intervallskala gesehen (Völkl & Korb, 2018). Die dafür notwendige Voraussetzung von mindestens fünf Ausprägungen der Variablen ist gegeben (Urban & Mayerl, 2011). Zusätzlich werden auch Skalen mit bis zu sieben Ausprägungen verwendet. Die drei Items zur Variable „Angst durch KI den Arbeitsplatz zu verlieren" (in SPSS als „AngstAV" bezeichnet), werden mit einer 7-Stufigen Skala, mit einem Wertebereich von 1= „Stimme ganz und gar nicht zu" bis 7= „Stimme voll und ganz zu", abgefragt. Ebenso wurden im Laufe des Fragebogens die Skalenenden teilweise vertauscht, was für Abwechslung und eine höhere Aufmerksamkeit bei den Probanden hervorrufen soll.

Die abgefragten Items zu den soziodemographischen Daten, zum Beispiel der Frage nach dem Geschlecht, unterliegen keiner Likert Skala, sondern einer einfachen Auswahlmöglichkeit ohne Wertebereich.

3.2.3 Gütekriterien

Einen weiteren zentralen Betrachtungspunkt des Messinstruments einer quantitativen Forschung stellen die Hauptgütekriterien dar. Diese setzen sich aus der Reliabilität, Validität und der Objektivität zusammen. Die Reliabilität bezeichnet hierbei die Zuverlässigkeit der Messung. Zur Überprüfung wird für relevante Skalen dieser Forschungsarbeit eine Reliabilitätsanalyse mit Cronbachs Alpha (α) durchgeführt. Die (α) – Werte für die Variablen „ComKomp" und „EmoNeg" liegen in einem Wertebereich von 0,8-0,9, was als sehr gut bezeichnet werden kann. Die jeweiligen Items der Variablen zeigen somit eine hinreichend hohe Inter-Item-Korrelation (Streiner, 2003). Die Variablen „EmoPos" und „AngstAV" haben einen (α) – Wert von > 0,9.

Die interne Konsistenz der jeweils zugehörigen Items gilt also als exzellent. Hier könnte trotzdem präventiv überprüft werden, ob sich möglicherweise zwei Items der jeweilig genannten Variablen so weit ähneln, das sie das gleiche messen. Da aber alle Werte der vier genutzen Variablen als sehr gut oder höher eingestuft werden können, kann die Reliabilität diesbezüglich bestätigt werden. Grundsätzlich ist eine hohe Reliabilität eine Bedingung für die Validität eines Messinstrumentes. Diese gibt an, zu welchem Ausmaß ein Instrument frei von systematischen und zufälligen Fehlern ist und beschreibt somit die Gültigkeit einer Messung, Die Objektivität eines Testverfahrens hingegen ist gegeben, wenn verschiedene Forscher bei denselben Probanden zu gleichen Testergebnissen gelangen. Eine Sicherstellung der Durchführungsobjektivität erfolgt unter normalen Umständen durch standardisierte Testinstruktionen. Wenn eine repräsentative Stichprobe als vergleichender Maßstab für die Interpretation des Testergebnisses hinzugezogen werden kann, gilt die Anforderung an die Interpretationsobjektivität als gegeben (Bortz & Döring, 2015; Bühner, 2010). Die Bewertung der beiden Hauptgütekriterien Validität und Objektivität erfolgt anhand der Durchführung eines Pretest, welcher einen wichtigen Bestandteil für die Konzeption des Fragebogens darstellt und vor der eigentlichen Untersuchung durchgeführt wird. In diesem Zusammenhang kann der Fragebogen zudem auf Verständlichkeit, Eindeutigkeit und potentielle Fehler überprüft werden. Wie bereits erwähnt, wurde der Fragebogen bereits im Voraus von den Kursleitenden erstellt. Aufgrund dessen wird die Testung des Pretests von den Studierenden selbst durchgeführt. Anhand der Durchführung des Pretests konnte die Brauchbarkeit des Fragebogens insgesamt bestätigt werden. Somit wird das Hauptgütekriterium der Validität erfüllt, da durch die Pretestenden nur minimale Korrekturen vorgeschlagen wurden. Somit sind alle Kriterien der Objektivität für das verwendete Messinstrument der vorliegenden Arbeit vollständig gegeben.

3.3 Untersuchungsdesign- und Vorgehen

Bei dem vorliegenden Untersuchungsdesign handelt es sich um eine empirische Studie, die auf quantitativer Forschungsmethodik beruht. Die Untersuchung wird im Rahmen dieser Studienarbeit durchgeführt. Der hierzu genutzte Fragebogen wurde dabei im Voraus von Frau Prof. Dr. Min Tang und Herrn Sebastian Hofreiter erstellt und den Studierenden zur Verfügung gestellt. Da die Studie an einem einmaligen Messzeitpunkt erhoben wurde, gilt sie als Querschnittsstudie. Sie bündelt aufgrund der direkten Erhebung Primärdaten. Das Untersuchungsvorgehen läuft nach festgelegten Schritten ab. Der Anstoß der Befragung fand am 19.11.2021 statt. Die Umfrage war hierbei ausschließlich online über einen Link zur Umfrage über die Webseite „unipark" zu erreichen. Der Zeitraum der Befragung wurde dabei bis zum 31.12.2021 festgelegt.

Die Studierenden haben einen Link an ihnen bekannte Personen versendet, mit welchem diese zur Umfrage gelangen. Nach Durchführung der Umfrage werden die Ergebnisse der standardisierten Testauswertung in das Programm IBM SPSS Statistics, einem Programm zur statistischen Datenanalyse und Datenmanagement, überführt. Danach erfolgt die grundlegende Datenaufbereitung inklusive Löschung ungültiger Datensätze, um anschließend die Auswertung durchführen zu können.

Zu Beginn des nachfolgenden Kapitels wird die deskriptive Statistik vorgestellt. Im Anschluss folgt die Anwendung interferenzstatistischer Verfahren, um die Signifikanz der aufgestellten Hypothesen zu überprüfen. Die Hypothese H1 wird anhand einer Explorativen Faktorenanalyse, einem strukturentdeckenden Verfahren zur Hypothesengenerierung, ausgewertet. Um die aufgestellte Hypothese H2 zu testen, wird eine Mediatoranalyse durchgeführt. Anhand dieser Vorgehensweise wird getestet, ob die Vorhersage des Kriteriums durch einen Prädiktor über eine dritte Variable, also der Mediatorvariable, bestätigt werden kann (Wentura & Pospeschill, 2015).

Die Überprüfung der dritten Hypothese wird anhand einer Moderatoranalyse durchgeführt. Diese Methode wird oftmals eingesetzt, wenn geprüft werden soll, ob ein Moderator den Zusammenhang zweier Variablen verändert.

4 Darstellung der Ergebnisse

Nachdem im dritten Kapitel dieser Forschungsarbeit die Methode und das Untersuchungsdesign beschrieben wurden, erfolgt nun die statistische Prüfung der im Theorieteil aufgestellten Hypothesen. Zu Beginn werden dazu die deskriptiven Befunde erklärt und anschließend die für die Hypothesenbildung erlangten Erkenntnisse vorgestellt. Aus der Analyse der gegebenen Antworten gingen die Ergebnisse zu den aufgestellten Hypothesen hervor. Diese werden in den Unterkapiteln 4.2 – 4.4 dargestellt.

4.1 Datenaufbereitung und Deskriptive Statistik

Bevor die aufgestellten Hypothesen mittels interferenzstatistischer Verfahren überprüft werden, macht es Sinn, sich einen Überblick über die Ausprägungen der Variablen dieser Untersuchung zu verschaffen. Die folgende Abbildung der Tabelle zeigt eine Übersicht der Mittelwerte (M), Standardabweichungen (SD), Schiefe (SK) und Kurtosis (KU), die Korrelationen sowie die Werte des Cronbach´s Alpha (α).

Abbildung 2

Tabelle zur Deskriptiven Statistik und Korrelationen

(N = 220)	M	SD	SK	KU	(1)	(2)	(3)	(4)	(5)	(6)
(1) Geschlecht	-	-	-	-	(-)					
(2) Alter	36.02	14,43	.79	-.50	-.12	(-)				
(3) CompKomp	3.89	.62	-.81	.90	-.23 **	- .10	(.877)			
(4) EmoNeg	2,54	.78	.37	-.03	.17 **	.04	-.22 **	(.841)		
(5) EmoPos	2,62	.96	-.17	-.93	-.13	-.28 **	.22 **	-.33 **	(.921)	
(6) AngstAV	4,55	1.88	- 36	-.97	.25 **	.06	-.12	.50 **	-.35 **	(.946)

*p < .05; **p < .01; ***p < .001

Um die Normalverteilung zu überprüfen, werden die Werte der Schiefe und Kurtosis herangezogen. Liegen die Werte zwischen -2 und 2, kann von einer (annähernd) normalen Verteilung ausgegangen werden. Die Bewertung erfolgt anhand der absoluten Werte der ZSchiefe und ZKurtosis. Diese ergeben sich durch die Bildung des Quotienten aus der Schiefe und der Kurtosis mit den jeweiligen Standardfehlern.

Bei einer vorliegenden Normalverteilung liegt die Grenze bei einem Wert von kleiner 3.29 der absoluten Werte der ZSchiefe und ZKurtosis, wenn die Stichprobe N= 220 beträgt (Field, 2017). Die Variable CompKomp weist eine errechnete ZSchiefe von 4.95 und ZKurtosis von 2.75 auf. Dementsprechend liegt keine Normalverteilung bei der betreffenden Variable vor. Die ZSchiefe der Variable EmoNeg beträgt 2.29, die ZKurtosis liegt bei 0.08, weshalb von einer Normalverteilung ausgegangen werden kann.

Die errechnete ZSchiefe der Variable EmoPos liegt bei 1.03, die ZKurtosis bei 2.87, weshalb keine Abweichung der Normalverteilung vorliegt und diese somit als gegeben gesehen werden kann. Die errechneten Z-Werte der Variable AngstAV beweisen, dass eine Normalverteilung vorliegt (ZSchiefe: 2.20; ZKurtosis: 2.99). Trotz der nicht normalverteilten Variable ComKomp wurden hinsichtlich der Darstellung der Interkorrelationen die Rangkoeffizienten nach Pearson berechnet, da die Unterschiede so minimal ausfallen, dass sie für den weiteren Verlauf keine bedeutende Rolle spielen. Die Betrachtung der Interkorrelationen zeigt, dass das Alter nur mit der Variable EmoPos signifikant korreliert. Ebenso kann festgestellt werden, dass CompKomp mit EmoNeg negativ (r=-.22) und EmoPos (r= .22) positiv hoch signifikant korreliert. Bei den Variablen EmoNeg, EmoPos und AngstAV besteht ebenfalls ein sehr hoher signifikanter Zusammenhang. Die Variable EmoPos korreliert hoch signifikant mit AngstAV.

4.2 Ergebnisse zur Hypothese 1

Um die Hypothese H1 „Es wird davon ausgegangen, dass das Messinstrument zu Emotionen zwei Dimensionen ergibt" zu testen, soll eine explorative Faktorenanalyse durchgeführt werden. Voraussetzungen hierfür sind beispielsweise eine Normalverteilung der Items Intervallskalierung der Variable, bei einer Erhebung von mindestens zehn Fällen (Cleff, 2015).

Wie unter dem Punkt 4.1 beschrieben, sind die Variablen EmoNeg und EmoPos jeweils normalverteilt, womit die erste Voraussetzung gegeben ist. Ebenso sind beide Variablen intervallskaliert und durch N=220 sind auch mehr als 10 Fälle gegeben.

Die explorative Faktorenanalyse ergibt anhand einer Hauptkomponentenanalyse mit Varimax-Rotation eine 2-Faktoren-Lösung, wobei 65,3% der Varianz in den Variablen erklärt wurden (siehe Tabelle 1 im Anhang).

Aus der nachfolgenden Abbildung werden die beiden Faktoren in Form von zwei Komponenten ersichtlich, wobei erwartete Ladungen angezeigt werden. Damit kann bestätigt werden, dass die Items funktionieren und diese auf die zwei erhaltenen Faktoren laden. Das Item „besorgt" lädt dabei mit einem Wert von 0.586 am Schlechtesten auf den Faktor zwei, das Item „erschrocken" am besten (0.834).

Abbildung 3

SPSS Output: Rotierte Komponentenmatrix H1

Rotierte Komponentenmatrix[a]	Komponente	
	1	2
heiter/gut gelaunt	,884	
enthusiastisch	,876	
fröhlich	,872	
glücklich	,868	
begeistert	,787	
aufgeregt/gespannt	,729	
erschrocken		,834
nervös		,833
ängstlich		,731
unsicher		,705
zittrig		,690
besorgt		,586

Extraktionsmethode:
Hauptkomponentenanalyse.
Rotationsmethode: Varimax mit Kaiser-
Normalisierung.

a. Die Rotation ist in 3 Iterationen
konvergiert.

Anhand des erhaltenen Ergebnisses lassen sich Emotionen wie vermutet in zwei Dimensionen unterteilen, wodurch die Hypothese H1 angenommen werden kann. Alle weiteren zur Überprüfung notwendigen grafischen oder tabellarischen Outputs aus SPSS sind im Anhang zu finden.

4.3 Ergebnisse zur Hypothese 2

Zur Testung der Hypothese H2 „Positive Emotionen gegenüber Künstlicher Intelligenz mediieren den Zusammenhang von Computerkompetenz und Angst vor Arbeitsplatzverlust durch Künstliche Intelligenz." wird eine Mediatoranalyse durchgeführt.

Dies geschieht durch das Makro PROCESS von Andrew Hayes, welches als ein Zusatzprogramm in SPSS eingespielt wurde.

Zur Testung der Hypothese H2 stellt die CompKomp die unabhängige Variable (X) dar und die abhängige Variable (Y) ist AngstAV. Als Mediator (M) agiert die Variable EmoPos. Hinsichtlich der Voraussetzungen zur Durchführung des Verfahrens ist zu beachten, dass die Mediatoranalyse im Rahmen der multiplen linearen Regression stattfindet, weshalb die folgenden Voraussetzungen gelten:

⇒ Die abhängigen Daten müssen metrisch skaliert sein
⇒ Der Prädiktor muss metrisch oder kategorisch skaliert sein
⇒ Die Residuen von Y müssen normalverteilt sein
⇒ Lineare Regressionskoeffizienten bzw. Linearität in den Parametern
⇒ Homoskedastizität der Residuen
⇒ Unabhängigkeit der Daten
⇒ Korrelationskoeffizient nach Pearson nicht größer .80 (Kähler, 1993).

Die für diese Mediatoranalyse gewählten abhängigen Daten und der Prädiktor sind metrisch skaliert. Die Normalverteilung der abhängigen Variable ist ebenfalls gegeben, wie bereits in 4.1 genauer erläutert. Die restlichen Voraussetzungen werden im Sinne dieser Arbeit als gegeben angenommen, da die weitere Dokumentation dem Rahmen sprengen würde. In Tabelle 2 im Anhang werden die SPSS Ergebnisse aufgezeigt. Für eine kurze Übersicht lassen sich die notwendigen Daten aus nachfolgender Abbildung entnehmen:

Abbildung 4

Zusammenfassung des Mediatormodells von EmoPos zwischen CompKomp und AngstAV

		EmoPos				AngstAV		
		B	*SE*	*p*		*B*	*SE*	*p*
CompKomp	*a*	.34	.10	.001	*c'*	-.14	.20	.490
EmoPos	—	—	—	.888	*b*	-.65	.13	.000
Constant	i_1	1.32	.41	.001	i_2	6.78	.78	.000

$$R^2 = .05 \qquad\qquad R^2 = .19$$
$$F(1, 218) = 10.74, p = .001 \qquad F(2, 217) = 14.53, p = .000$$

Nachfolgend erfolgt die Beschreibung:

Im Gesamtmodell ist zunächst ersichtlich, dass das Signifikanzniveau p bei .001 und der Regressionskoeffizient bei .34 liegen. Somit ist der a- Pfad auf dem Signifikanzniveau von p=.001 signifikant. In dem darauffolgenden Feld stehen die Überprüfungen des b-Pfads. Der b-Pfad stellt den Zusammenhang zwischen dem Mediator EmoPos und des Kriteriums AngstAV. Mit dem Koeffizienten -.65 und dem p-Wert von .000 ist dieser Pfad höchst signifikant. Mit dem Wert des Koeffizienten von -.14 und einem Signifikanzwert von p=.490 ist der c´-Pfad nicht signifikant. Dann wurde der c-Pfad, also der totale Effekt von X auf Y berechnet. Mit einem Koeffizientswert von -.36 und einem p-Wert von .084 ist dieser Pfad ebenfalls nicht signifikant. Die erwünschte Verkleinerung von c auf c´ hat jedoch stattgefunden.

Abbildung 5

Output SPSS: Pfaddiagramm Mediatorhypothese H2

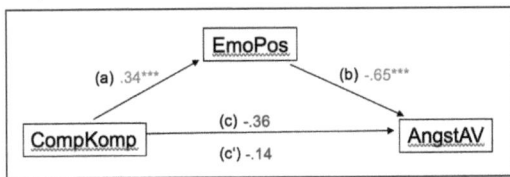

An dieser Stelle soll laut Baron und Kenny (1986) die weitere Untersuchung auf Mediationseinfluss abgebrochen werden, da der Pfad c zwingend signifikant sein muss.

Nach aktuellerer Auffassung ist die Signifikanz von c allerdings nicht mehr zwangsläufig notwendig, um eine Mediation nachzuweisen (MacKinnon, 2008; Zhao et al., 2010). Aufgrund dessen, dass der reine Mediationseffekt durch den indirekten Effekt dargestellt wird, kann das Kriterium der Signifikanz des Pfades c vernachlässigt werden. Viele Statistiker sind heute der Meinung, dass die Pfade a und b sowie der indirekte Effekt der entscheidende Teil der Mediationsanalyse sind (ebd).

Um letzteren zu erhalten, muss nun ein Blick auf die Werte „BootLLCI" und „BootULCI" des „Indirect effect(s) of X on Y" geworfen werden. Die Werte sind durch robustes Bootstrapping berechnet worden. Ist hier die Null im Konfidenzintervall des indirekten Effekts nicht enthalten, so kann davon ausgegangen werden, dass der indirekte Effekt signifikant ist (Zhao et al., 2010; Rucker et al., 2011).

Abbildung 6

Output SPSS: Auszug der Matrix zum „Indirect effect(s) of X on Y"

```
Indirect effect(s) of X on Y:
          Effect    BootSE    BootLLCI    BootULCI
EmoPos    -,2189    ,0827     -,3990      -,0747

Completely standardized indirect effect(s) of X on Y:
          Effect    BootSE    BootLLCI    BootULCI
EmoPos    -,0717    ,0269     -,1292      -,0242
```

Aus dem Auszug wird ersichtlich, dass Null nicht im Konfidenzintervall enthalten ist. Somit kann angenommen werden, dass der indirekte Effekt signifikant ist. Damit weist die Mediatoranalyse einen signifikanten indirekten Mediatoreffekt von EmoPos zwischen der CompKomp und AngstAV auf. Der Effekt zwischen Computerkompetenz und Angst vor Arbeitsplatzverlust wird mediiert durch positive Emotionen. Die Effektstärke des Modells beträgt .221 und die Hypothese H2 kann angenommen werden.

4.4 Ergebnisse zur Hypothese 3

Um die Hypothese H3: „Der Zusammenhang negativer Emotionen gegenüber Künstlicher Intelligenz und Angst vor Arbeitsplatzverlust durch Künstliche Intelligenz wird durch die Branche moderiert" zu überprüfen, soll eine Moderatoranalyse durchgeführt werden. Hierbei wird untersucht, ob ein Prädiktor X (EmoNeg) Auswirkungen auf die Kriterien von Y (AngstAV) hat, wenn sie auf eine bestimmte Ausprägung der Moderatorvariable M (CompKomp) trifft (Wentura & Pospeschill, 2015).

Die Voraussetzungen sind vergleichbar mit denen der Mediationsanalyse aus 4.3. Alle verwendeten Variablen sind metrisch skaliert, die anhängige Variable ist normalverteilt. Eine Multikollinearität zwischen Prädiktoren ist nicht gegeben (r<.80).

Die Ergebnisse der durchgeführten Moderatoranalyse sind in Tabelle 3 im Anhang ausführlich aufgeführt und werden hier erläutert:

Die „Model Summary" zeigt, dass das gesamte Modell signifikant ist (p=.000). Der R2-Wert beträgt .25, was angibt, dass insgesamt 25% der Varianz durch dieses Modell erklärt wird. Für den Moderatoreffekt des Prädiktors ist die Interaktionsvariable int_1 entscheidend. Diese stellt das Produkt von EmoNeg und CompKomp dar und ist eine neue Variable, welche für die Moderatoranalyse in die Regressionsanalyse eingeführt wurde. Ob nun ein Moderatoreffekt besteht hängt davon ab, ob die Interaktionsvariable einen signifikanten Wert im Regressionsmodell aufweist. Der p-Wert beträgt hier .456, womit p>.05, und somit nicht signifikant ist.

Der Regressionskoeffizient ist mit .17 positiv. Daher kann festgestellt werden, dass EmoNeg und CompKomp einen schwachen Interaktionseffekt auf AngstAV haben. Weiter wird gezeigt, dass die Quadratänderung .0019 aufweist und mit p=.456 nicht signifikant ist. Somit besteht kein Moderatoreffekt und die Hypothese H3 wird verworfen.

5 Diskussion der Ergebnisse

Nachdem im vorangegangen Abschnitt dieser Studienarbeit die relevanten Ergebnisse vorgestellt wurden, werden diese im folgenden Kapitel 5.1 zunächst zusammengefasst und interpretiert. Anschließend wird die Implikation der Ergebnisse vorgestellt (5.2), worauf Limitationen der Studie aufgezeigt und ein Forschungsausblick (5.3) gegeben werden.

5.1 Interpretation der Ergebnisse

Im Mittelpunkt der vorliegenden Forschungsarbeit steht die Frage, ob mögliche Zusammenhänge und Beeinflussungen der Faktoren Computerkompetenz, Emotionen gegenüber Künstlicher Intelligenz und Angst vor Arbeitsplatzverlust durch KI bestehen. Anhand derer wurden drei Hypothesen zur Untersuchung aufgestellt, wobei 2 davon statistische Signifikanz aufweisen.

5.1.1 Hypothese 1

Die erste Hypothese H1, in welcher davon ausgegangen wird, dass das Messinstrument zu Emotionen gegenüber KI aus zwei Dimensionen besteht, konnte bestätigt werden. Die Ergebnisse der Theorie haben vorhergesagt, dass Emotionen in positive und negative Dimensionen unterteilt werden können. Aus den verwendeten Items „glücklich, fröhlich, begeistert, heiter/gut gelaunt, aufgeregt/gespannt, enthusiastisch", welche auf Komponente 1 (siehe Abb. 3) laden, kann auf positive Emotionen geschlossen werden. Die eingesetzten Items „besorgt, ängstlich, erschrocken, nervös, zittrig und unsicher", welche auf die 2. Komponente laden, lassen auf negative Emotionen schließen. Das wiederum belegt, dass die Unterteilung in EmoNeg und EmoPos korrekt gewählt wurde.

Somit kann eine Übereinstimmung der vorgeschalteten Literatur und Forschung zum Thema Emotionsdimension und dem interpretierten Ergebnis, dass positive und negative Dimensionen existieren, festgestellt werden.

5.1.2 Hypothese 2

Um die zweite Hypothese H2 „Positive Emotionen mediieren den Zusammenhang von Computerkompetenz und Angst vor Arbeitsplatzverlust durch Künstliche Intelligenz" zu testen, wurde eine Mediationsanalyse durchgeführt. Aufgrund der erhaltenen Untersuchungsergebnisse konnte die Hypothese angenommen werden.

Personen mit erweiteter Computerkompetenz haben positivere Emotionen in Bezug auf Künstliche Intelligenz, was durch den positiven signifikanten Zusammenhang zwischen CompKomp und EmoPos ersichtlich wird. Ebenso wird ersichtlich, dass Personen mit positiveren Emotionen gegenüber KI weniger Angst vor Arbeitsplatzverlust durch KI haben, was der negative signifikante Zusammenhang von EmoPos zu AngstAV verdeutlicht. Aus dem Modell wurde erkannt, dass der Grad an Computerkompetenz alleine keinen signifikanten Einfluss auf die Angst um den Verlust des Arbeitsplatzes durch Künstliche Intelligenz hat, da der c-Pfad nicht signifikant war. Der Mediator positive Emotionen gegenüber KI erklärt den Zusammenhang von Computerkompetenz und Angst vor Arbeitsplatzverlust durch KI. Personen mit höherer Computerkompetenz haben also weniger Angst vor Arbeitsplatzverlust aufgrund von KI, wenn sie positiver gegenüber KI eingestellt sind.

Das steht größtenteils im Einklang mit den eingangs vorgestellten Studien, dass Personen mit höherer Ausprägung an positiven Emotionen gegenüber KI weniger Angst vor Arbeitsplatzverlust durch KI verspüren.

5.1.3 Hypothese 3

Die Hypothese H3 „Der Zusammenhang negativer Emotionen gegenüber Künstlicher Intelligenz und Angst vor Arbeitsplatzverlust durch Künstliche Intelligenz wird durch die Computerkompetenz moderiert." wurde aufgrund der erhaltenen Testergebnisse der Moderatoranalyse verworfen. Die negative Emotion gegenüber KI führt also unabhängig von der jeweiligen Computerkompetenz eher zu Angst vor Arbeitsplatzverlust durch KI. Es herrscht kein signifikanter Moderationseffekt.

Die Ergebnisse stehen allerdings nicht im Einklang mit den Resultaten der eingangs genannten Studie aus 2015 zum Thema Technostress, dass das Ausmaß an Computerkompetenz Einfluss darauf hat, wie Personen gegenüber KI empfinden und ob sie eher Angst vor Arbeitsplatzverlust durch KI haben oder nicht. Aufgrund nur sehr wenig durchgeführter Studien mit speziell dieser Ausrichtung, kann es auch Zufall, oder durch weitere miteinbezogene Faktoren beeinflusst gewesen sein, dass die befragten Personen mit eher negativer Einstellung gegenüber KI weniger Angst vor Arbeitsplatzverlust durch KI verspürten. Zudem kann es sein, dass der Begriff Computerkompetenz in der aufgezeigten Literatur und der hier vorliegenden Arbeit möglicherweise nicht gleichbedeutend interpretiert wurde, was zu unterschiedlichen Auswertungsergebnissen führen kann. Ein anderer Grund für die Unterschiede der Ergebnisse zu den im Theorieteil genannten Erkenntnissen kann darin liegen, dass in dieser Untersuchung potenziell Unklarheiten bezüglich Fragestellungen und Items betreffender Variablen bei der Befragung zu der hier vorliegenden Untersuchung aufgetreten sein können. Dies kann nach sich ziehen, dass Daten unbeabsichtigt verfälscht werden und somit die Ergebnisse der Moderatoranalyse ein widersprüchliches Ergebnis liefern. Zusammenfassend kann gesagt werden, dass unabhängig davon, wie kompetent eine Person im Bereich des Computers ist, es hat keinen Einfluss auf den

Grad der negativen Emotionen gegenüber KI und der Angst, den Arbeitsplatz durch KI zu verlieren.

5.2 Implikation der Ergebnisse

Nicht nur aus den Schwerpunkten der Arbeit heraus, sondern auch auf Basis der Ergebnisse selbst, lassen sich einige Implikationen vor allem für die Praxis ableiten.

Die erlangten Resultate sind für Forschende interessant, die sich mit den Kriterien auseinandersetzen, welche die Einstellungen von Berufstätigen Personen gegenüber Künstlicher Intelligenz am Arbeitsplatz beeinflussen. Es können Studien angeknüpft werden, wie sich Unternehmen auf eine Zukunft mit vermehrtem Einsatz Künstlicher Intelligenz vorbereiten können, um konkurrenzfähig zu bleiben und sich fortschrittlich zu verhalten. Dabei ist es von Bedeutung, Mitarbeitern einen verbesserten Zugang zu Wissen in Bezug auf KI zu ermöglichen. Da in Studien häufiger von Teilnehmenden genannt wird, gar nicht genau zu wissen, was KI eigentlich bedeutet, wäre dies ein erster wichtiger Schritt in die richtige Richtung. Aus der Theorie wurde auch ersichtlich, dass Menschen Interesse an der gegebenen Thematik der KI mitbringen und sogar gespannt sind, was das Ganze in Bezug auf die Karriereentwicklung mit sich bringt. Auch aus den Forschungsergebnissen geht hervor, dass ein höherer Grad an positiven Emotionen gegenüber KI, weniger Angst vor Arbeitsplatzverlust durch KI mit sich bringt. Demnach gilt es Wissensteilung voranzutreiben, damit Mitarbeiter dem Thema KI positiver gegenüberstehen. Das könnte im Rahmen von unternehmensweiten Informationsveranstaltungen stattfinden. Auch eine Aufnahme des Themas in das Unternehmensleitbild und die Vision könnten helfen, die Mitarbeiter von Anfang an mit KI vertraut zu machen, was im Laufe der Zeit eine gewisse Normalität gegenüber der Thematik hervorruft.

5.3 Limitationen und zukünftige Forschungen

Bei dieser Forschung zeigen sich Kritikpunkte, die während der Beantwortung der Forschungsfragen und Hypothesen aufgetreten sind und die in möglichen, weiteren Untersuchungen vermieden werden sollten. Für die folgende Betrachtung der Ergebnisse muss außerdem gesagt werden, dass die vorliegenden Daten nur eine Momentaufnahme liefern, da es sich bei der Untersuchung um eine Querschnittsstudie handelt. Um aussagekräftigere Ergebnisse zu erhalten, müssen Langzeitstudien durchgeführt werden. Zunächst lässt sich bei der Stichprobe sagen, dass die Anzahl der teilgenommenen Probanden für Arbeiten in diesem Ausmaß mit N=223 hoch ist. Jedoch kann dieser Umfang in Bezug auf die Grundgesamtheit als nicht vollständig repräsentativ angesehen werden. Dadurch können nur begrenzt Rückschlüsse auf die Hypothesen gezogen werden. Durch eine Generierung einer größeren Stichprobe kann eine höhere

Teststärke erreicht werden, was Ergebnisse mit höherer Aussagekraft mit sich bringt. Bei der zugrundeliegenden Forschung wurde als Messinstrument ein Fragebogen mit größtenteils selbsterstellten Skalen verwendet. Dies zieht die Einschränkung mit sich, dass trotz eines vorangegangenen Pretests Missverständnisse hinsichtlich der Fragestellung und Beantwortung der Skalenniveaus entstehen können. Vor allem das Thema Emotionen gegenüber KI ist hier zu nennen. Teilnehmende teilten teilweise nach der Durchführung mit, häufiger die Tendenz zur Mitte bei der Beantwortung gewählt zu haben, weil Sie sich über die Bedeutung mancher Fragestellungen nicht im Klaren waren. Dies verfälscht die Ergebnisse. Im Bereich der Emotionsabfrage kam des Öfteren das Feedback, dass nicht gut zwischen den aufgeführten Emotionsausprägungen unterschieden werden konnte, beziehungsweise sich nicht vorgestellt werden konnte, wie die Zusammenarbeit mit einer zukünftig starken aussehen soll. Ersteres kann möglicherweise auch den immens hohen Wert des Cronbach´s Alpha von EmoPos erklären. Zukünftig sollte also darauf geachtet werden, die Fragen noch deutlicher zu stellen und Items besser verständlich voneinander abzugrenzen. Weitere Forschungen sollen daher anhand eines standardisierten und umfassend validierten Fragebogens das Risiko von Fehlerquoten verringern. Zudem gilt hervorzuheben, dass die Voraussetzungen der durchgeführten Tests nicht immer vollständig gegeben waren. Für eine klar interpretierbare Interaktion ist es jedoch erstrebenswert, dass alle Voraussetzungen getestet und bestätigt werden müssen. Somit können statistisch betrachtet die Ergebnisse kritisiert werden und sollten in nachfolgenden Untersuchungen anhand vollständiger Überprüfung der notwendigen Voraussetzungen nochmals aufgegriffen werden. Zuletzt ist zu erwähnen, dass aufgrund der vorgegebenen Themenbereiche der Kursleitenden sowie eine teilweise geringe Anzahl passender Literatur bezüglich entsprechender Themengebiete die Qualität der Forschungsfragestellungen und der Testdurchführung beeinträchtigt wurde. Wird nun Bezug auf die Weiterführung der vorliegenden Forschung genommen, so könnte zukünftig untersucht werden, wie sich die ganze Thematik in Bezug auf Abteilungen / Unternehmensbereichen verhält. Dabei wäre es interessant zu erfahren, ob es Bereiche gibt, die sich hinsichtlich ihrer Einstellungen gegenüber Künstlicher Intelligenz am Arbeitsplatz stark unterscheiden. Außerdem sollte den Faktoren Alter, beziehungsweise Generationen in Verbindung mit der Akzeptanz Künstlicher Intelligenz mehr Bedeutung zugesprochen werden. Interessant wären hier, ob die Generation dabei eine Rolle spielt um zu erfahren, ob möglicherweise schon Präventivarbeit in Berufsschulen, Universitäten & Co. geleistet werden sollte oder ob vor allem in Unternehmen bei Mitarbeitern mittleren Alters Wissensverbreitung und muss. Einen weiteren interessanten Punkt stellt das Thema Arbeitslosigkeit dar. Inhalt einer Befragung könnte demnach beispielsweise sein, ob entsprechende Personen glauben, aufgrund von KI und Automatisierung ihren Arbeitsplatz verloren zu haben.

6 Fazit

Die zugrunde liegende Querschnittsstudie hatte das Ziel, die Forschungsfragen F1: „Aus wie vielen Faktoren besteht das Messinstrument zu Emotionen?", F2: „Welche Variable mediiert mögliche Zusammenhänge zwischen Computerkompetenz und Angst vor Arbeitsplatzverlust durch Künstliche Intelligenz?" und F3: „Welche Variable moderiert mögliche Zusammenhänge negativer Emotionen gegenüber Künstlicher Intelligenz und der Angst, den Arbeitsplatz durch Künstliche Intelligenz zu verlieren?", zu beantworten. Für diesen Zweck wurde ein Online Fragebogen mit Skalen zur Erhebung quantitativer Daten eingesetzt. Zur Beantwortung wurde untersucht, ob bezüglich der Faktoren Computerkompetenz, Emotionen gegenüber KI und Angst vor Arbeitsplatzverlust durch KI Zusammenhänge oder Beeinflussungen bestehen.

Die Ergebnisse zeigen, dass das Messinstrument zu Emotionen wie erwartet aus zwei Dimensionen besteht und dass, wie theoretisch vorausgesagt, positive Emotionen gegenüber Künstlicher Intelligenz den Zusammenhang von Computerkompetenz und Angst vor Arbeitsplatzverlust durch Künstliche Intelligenz, mediiert. Im Gegensatz dazu stellte sich unerwarteter Weise heraus, dass der Grad an Computerkompetenz einer berufstätigen Person den Zusammenhang von negativen Emotionen gegenüber Künstlicher Intelligenz und Angst vor Arbeitsplatzverlust durch Künstliche Intelligenz nicht verändert.

Resümierend kann gesagt werden, dass Künstliche Intelligenz am Arbeitsplatz von immer höherer Relevanz sein wird. Die Tatsache, dass sich wie im Theorieteil beschrieben in den letzten Jahren die Anzahl der Personen stetig erhöht, die wissen, was Künstliche Intelligenz bedeutet, zeigt auf, dass sie der Thematik gegenüber aufgeschlossen sind. Ebenso wird Interesse daran gezeigt, was der Einsatz von KI am Arbeitsplatz für sie persönlich und ihren Karriereweg bedeuten kann. Dies lässt auf eine positive Einstellung bezüglich Künstlicher Intelligenz rückschließen. Demnach kann erwartet werden, dass die Akzeptanz von Künstlicher Intelligenz in beruflichem Kontext steigen wird.

7 Literaturverzeichnis

Baron, R.M. & Kenny, D.A. (1986). The moderator-mediator variable distinction in social psychological research: Conceptual, strategic, and statistical considerations. *Journal of Personality and Social Psychology, 51*, 1173-1182.

Baur, N. & Blasius, J. (2019). *Handbuch Methoden der Sozialforschung* (2.Aufl.). Springer.

Bortz, J. & Böring, N. (2015). *Forschungsmethoden und Evaluation in den Sozial- und Humanwissenschaften* (5. Aufl.). Springer.

Bradley, M. M. & Lang, P. J. (1994). Measuring emotion: the self-assessment manikin and the semantic differential. *Journal of behavior therapy and experimental psychiatry, 25*(1), 49-59.

Buxmann, P. & Schmidt, H. (2018). *Künstliche Intelligenz. Mit Algorithmen zum wirtschaftlichen Erfolg*. Springer.

Bühner, M. (2010). *Einführung in die Test- und Fragebogenkonstruktion* (3. Aufl.). Pearson.

Cleff, T. (2015). *Deskriptive Statistik und Explorative Datenanalyse* (3. Aufl.). Springer.

Egger, R. (2009). *Lern- und Bildungsforschung*. LIT.

Ekman, P. & Friesen, W. V. (2003). *Unmasking the face: A guide to recognizing emotions from facial expressions*. Malor Books.

Field, A. (2017). *Discovering statistics using IBM SPSS statistics: And sex and drugs and rock 'n' roll* (5. Aufl.). Sage.

Heckhausen, H. & Heckhausen, J. (2018). *Motivation und Handeln* (4. Aufl.) Springer.

Hienerth, C., Huber, B. & Süssenbacher, D. (2009). *Wissenschaftliches Arbeiten kompakt*. Linde.

Kähler, W. M. (1993). *Statistische Datenanalyse mit SPSS/PC+*. Vieweg+Teubner Verlag.

MacKinnon, D. P. (2008). *Introduction to Statistical Mediation Analysis. Multivariate Applications Series*. Taylor & Francis Inc.

Meinungsmonitor Künstliche Intelligenz (2020, November). *Künstliche Intelligenz in der Arbeitswelt. Wie nimmt die Bevölkerung den Einfluss von Künstlicher Intelligenz auf die Zukunft der Arbeitswelt wahr?*. https://www.cais.nrw/wp-94fa4-content/uploads/2020/11/Factsheet-3-KI-und-Arbeitswelt.pdf

PEGA. (2019). *Pega ai empathy study.*
https://www.pega.com/system/files/resources/2019-11/pega-ai-empathy-
study.pdf?_rid=YToxOntzOjc6ImNvbnRfaWQiO3M6OToiQ09OVC05MjUyljt9

Potosky, D. & Bobko, P. (1998). The Computer Understanding and Experience Scale:
A self-report measure of computer experience. *Computers in Human Behavior, 14,*
337–348.

Raab-Steiner, E. & Benesch, M. (2015). *Der Fragebogen: Von der Forschungsidee zur
SPSS-Auswertung* (4. Aufl.). Facultas.

Rucker, D. D., Preacher, K. J., Tormala, Z. L. & Petty, R. E. (2011). Mediation Analysis
in Social Psychology: Current Practices and New Recommendations. *Social and
Personality Psychology Compass, 5*(6), 359–371. doi:10.1111/j.1751-
9004.2011.00355.x

Srivastava, S.C., Chandra, S. & Shirish, A. (2015) Technostress creators and job
outcomes: Theorising the moderating influence of personality traits. *Information
Systems Journal, 25*(4), 355-401.

Stahl, B. C. (2021). *Artificial Intelligence for a Better Future. An Ecosystem Perspective
on the Ethics of AI and Emerging Digital Technologies.* Springer.

Steiner, E. & Benesch, M. (2018). *Der Fragebogen* (5. Aufl.). Facultas.

Stigler, H. & Reicher, H. (Hrsg.). (2005). *Praxisbuch empirische Sozialforschung in den
Erziehungs- und Bildungswissenschaften.* Studien-Verlag.

Streiner, D.L. (2003). Starting at the Beginning: An Introduction to Coefficient Alpha
and Internal Consistency. *Journal of Personality Assessment, 80*(1), S. 99-103.

Tarafdar, M., Cooper, C. L. & Stich, J. F. (2019). The technostress trifecta-techno
eustress, techno distress and design: Theoretical directions and an agenda for
research. *Information Systems Journal, 29*(1), 6-42.

TÜV Verband. (2021, August). *Sicherheit und Künstliche Intelligenz.* https://www.tuev-
verband.de/studien/ki-studie-2021

Urban, D. & Mayerl, J. (2011). *Regressionsanalyse: Theorie, Technik und Anwendung*
(4. Aufl.). VS Verl. für Sozialwiss.

VMware. (2018). *Artificial Intelligence.*
https://www.vmware.com/de/company/news/releases/2019/vmware-artificial-
intelligence-study-shows-consumers-are-trusting-in-new-healthcare-technologies-
040419.html

Völkl, K. & Korb, C. (2018). *Deskriptive Statistik: Eine Einführung für Politikwissenschaftlerinnen und Politikwissenschaftler. Elemente der Politik.* Springer.

Watson, D. & Tellegen, A. (1985). Toward a consensual tructure of mood. *Psychological Bulletin, 98*, 219 – 235.

Watson. D. & Clark. L. A. (1994). *The PANAS-X: Manual for the Positive and Negative Affect Schedule - expanded Form.* University of Iowa.

Wentura, D. & Pospeschill, M. (2015). *Multivariate Datenanalyse: Eine kompakte Einführung. Basiswissen Psychologie.* Springer.

Zimbardo, P. G. & Hoppe-Graff, S. (1995). *Psychologie.* (18. Aufl.). Springer.

Zhao, X., Lynch, J.G., Jr. & Chen, Q. (2010). Reconsidering Baron and Kenny: Myths and Truths about Mediation Analysis. *Journal of Consumer Research, 37*(2), 197–206. doi:10.1086/651257

ANHANG 1: Tabellen

Tabelle 1: SPSS Output. Erklärte Gesamtvarianz H1

					Erklärte Gesamtvarianz					
		Anfängliche Eigenwerte		Summen von quadrierten Faktorladungen für Extraktion			Rotierte Summe der quadrierten Ladungen			
Komponente	Gesamt	% der Varianz	Kumulierte %	Gesamt	% der Varianz	Kumulierte %	Gesamt	% der Varianz	Kumulierte %	
1	5,255	43,795	43,795	5,255	43,795	43,795	4,479	37,327	37,327	
2	2,584	21,532	65,327	2,584	21,532	65,327	3,360	28,000	65,327	
3	,950	7,916	73,243							
4	,756	6,297	79,540							
5	,504	4,204	83,744							
6	,431	3,592	87,335							
7	,359	2,989	90,324							
8	,324	2,703	93,027							
9	,272	2,266	95,293							
10	,224	1,868	97,161							
11	,206	1,715	98,876							
12	,135	1,124	100,000							
Extraktionsmethode: Hauptkomponentenanalyse.										

Tabelle 2: Mediatoranalyse H2

```
**************** PROCESS Procedure for SPSS Version 4.0 *****************

          Written by Andrew F. Hayes, Ph.D.       www.afhayes.com
    Documentation available in Hayes (2022). www.guilford.com/p/hayes3

*************************************************************************
Model   : 4
    Y  : AngstAV
    X  : CompKomp
    M  : EmoPos

Sample
Size:   220

*************************************************************************
OUTCOME VARIABLE:
 EmoPos

Model Summary
         R        R-sq       MSE          F         df1         df2           p
     ,2167      ,0470      ,8883    10,7425      1,0000    218,0000       ,0012

Model
               coeff         se          t          p        LLCI        ULCI
constant      1,3150      ,4065     3,2345      ,0014       ,5137      2,1162
CompKomp       ,3383      ,1032     3,2776      ,0012       ,1349       ,5417


Standardized coefficients
               coeff
CompKomp       ,2167

*************************************************************************
OUTCOME VARIABLE:
 AngstAV

Model Summary
         R        R-sq       MSE          F         df1         df2           p
     ,3437      ,1181     3,1554    14,5328      2,0000    217,0000       ,0000

Model
               coeff         se          t          p        LLCI        ULCI
constant      6,7779      ,7844     8,6410      ,0000      5,2319      8,3239
CompKomp      -,1377      ,1993     -,6911      ,4902      -,5305       ,2550
EmoPos        -,6472      ,1276    -5,0699      ,0000      -,8988      -,3956
```

```
Standardized coefficients
           coeff
CompKomp    -,0451
EmoPos      -,3311

************************** TOTAL EFFECT MODEL ****************************
OUTCOME VARIABLE:
 AngstAV

Model Summary
          R        R-sq        MSE          F        df1        df2          p
       ,1169       ,0137     3,5130     3,0192     1,0000   218,0000       ,0837

Model
           coeff         se          t          p       LLCI       ULCI
constant   5,9269      ,8085     7,3310      ,0000     4,3335     7,5203
CompKomp   -,3567      ,2053    -1,7376      ,0837     -,7612      ,0479

Standardized coefficients
           coeff
CompKomp    -,1169

************** TOTAL, DIRECT, AND INDIRECT EFFECTS OF X ON Y **************

Total effect of X on Y
    Effect         se          t          p       LLCI       ULCI       c_cs
    -,3567       ,2053    -1,7376      ,0837     -,7612      ,0479     -,1169


Direct effect of X on Y
    Effect         se          t          p       LLCI       ULCI      c'_cs
    -,1377       ,1993     -,6911      ,4902     -,5305      ,2550     -,0451

Indirect effect(s) of X on Y:
           Effect     BootSE    BootLLCI   BootULCI
EmoPos     -,2189      ,0827     -,3990     -,0747

Completely standardized indirect effect(s) of X on Y:
           Effect     BootSE    BootLLCI   BootULCI
EmoPos     -,0717      ,0269     -,1292     -,0242

********************* ANALYSIS NOTES AND ERRORS ************************

Level of confidence for all confidence intervals in output:
 95,0000

Number of bootstrap samples for percentile bootstrap confidence intervals:
 10000

------ END MATRIX -----
```

30

Tabelle 3: Moderatoranalyse H3

```
Run MATRIX procedure:

***************** PROCESS Procedure for SPSS Version 4.0 *****************

          Written by Andrew F. Hayes, Ph.D.       www.afhayes.com
     Documentation available in Hayes (2022). www.guilford.com/p/hayes3

*************************************************************************
Model   : 1
   Y    : AngstAV
   X    : EmoNeg
   W    : CompKomp

Sample
Size:  220

*************************************************************************
OUTCOME VARIABLE:
 AngstAV

Model Summary
         R       R-sq       MSE         F       df1       df2          p
     ,4998      ,2498    2,6967   23,9740    3,0000  216,0000      ,0000

Model
              coeff        se         t         p      LLCI      ULCI
constant     3,2248    2,3985    1,3445     ,1802   -1,5027    7,9524
EmoNeg        ,5744     ,8693     ,6607     ,5095   -1,1391    2,2878
CompKomp     -,4498     ,6015    -,7478     ,4554   -1,6354     ,7357
Int_1         ,1660     ,2224     ,7464     ,4562    -,2723     ,6043

Product terms key:
 Int_1   :         EmoNeg    x        CompKomp

Test(s) of highest order unconditional interaction(s):
        R2-chng         F       df1       df2         p
X*W       ,0019     ,5571    1,0000  216,0000      ,4562
----------
    Focal predict: EmoNeg   (X)
          Mod var: CompKomp (W)

Data for visualizing the conditional effect of the focal predictor:
Paste text below into a SPSS syntax window and execute to produce plot.

DATA LIST FREE/
    EmoNeg    CompKomp    AngstAV    .
BEGIN DATA.
     1,7561     3,2733     3,7152
     2,5258     3,2733     4,5756
     3,2955     3,2733     5,4359
     1,7561     3,8903     3,6175
     2,5258     3,8903     4,5567
     3,2955     3,8903     5,4959
     1,7561     4,5073     3,5199
     2,5258     4,5073     4,5379
     3,2955     4,5073     5,5559
END DATA.
GRAPH/SCATTERPLOT=
  EmoNeg   WITH     AngstAV  BY        CompKomp .

********************** ANALYSIS NOTES AND ERRORS **********************

Level of confidence for all confidence intervals in output:
  95,0000

------ END MATRIX -----
```

Anhang 2: Abbildungen

Abbildung 1: SPSS Output. Screeplot Explorative Faktorenanalyse H1

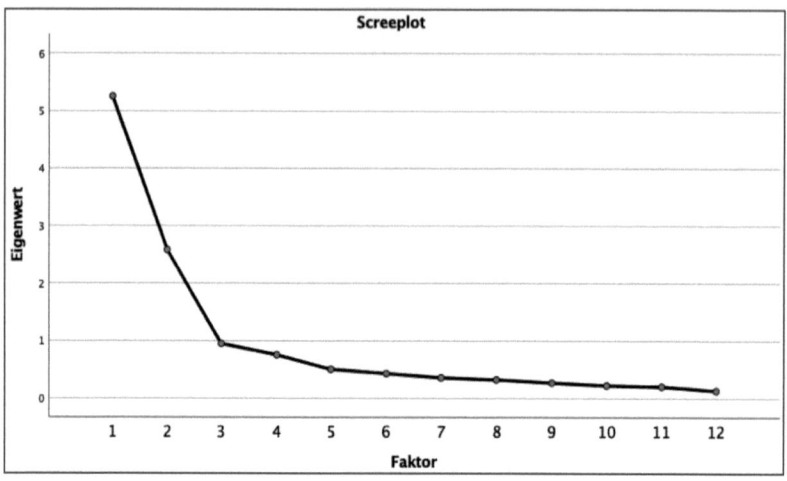

Abbildung 2: Konzeptionelles Modell zur Moderationsanalyse H3

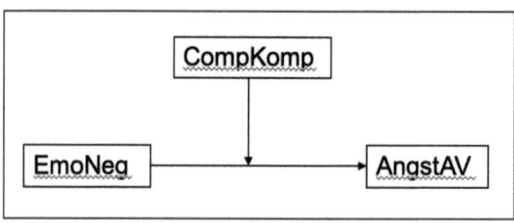